汉画总录

40

萧县

GUANGXI NORMAL UNIVERSITY PRESS
广西师范大学出版社
·桂林·

本研究由 2012 年度国家社科基金重大项目"中国汉代图像数据库与《汉画总录》编撰研究"资助

本专项研究得到吴作人国际美术基金会的赞助

HANHUA ZONGLU

项目统筹　汤文辉　李　琳
责任编辑　张　洁
助理编辑　王倩云　陈佳妮
装帧设计　李若静　陆润彪　刘　凛
责任技编　郭　鹏

图书在版编目（CIP）数据

汉画总录. 40，萧县 / 周水利，朱青生主编. —桂林：
广西师范大学出版社，2019.1
　ISBN 978-7-5598-1194-3

　Ⅰ．①汉… Ⅱ．①周…②朱… Ⅲ．①画像砖－史料－
研究－中国－汉代②画像砖－史料－研究－萧县－汉代
Ⅳ．①K879.444

　中国版本图书馆 CIP 数据核字（2018）第 215650 号

广西师范大学出版社出版发行

（广西桂林市五里店路 9 号　邮政编码：541004）
（网址：http://www.bbtpress.com）

出版人：张艺兵

全国新华书店经销

广西广大印务有限责任公司印刷

（桂林市临桂区秧塘工业园西城大道北侧广西师范大学出版社集团
有限公司创意产业园内　邮政编码：541100）

开本：787 mm ×1 092 mm　1/16

印张：14.75　　字数：150 千字

2019 年 1 月第 1 版　　2019 年 1 月第 1 次印刷

定价：480.00 元

序

文字记载，图画象形。人性之深奥、文化之丰富俱在文献形相之中；史实之印证、问题之追索无非依靠文字图形。[1] 汉画乃有汉一代形相与图画资料之总称。

汉代之前，有各种物质文化遗迹与形相资料传世。但是同时代文献相对缺乏，虽可精观细察，恢复格局，重组现象，拾取位置、结构和图像信息，然而毕竟在紧要处，但凭推测，难于确证。汉代之后，也有各种物质文化遗迹与形相资料传世，但是汉代之前问题不先行获得解释，后代的讨论前提和基础就愈加含糊。尤其渊源不清，则学难究竟。汉代的文献传世较前代为多，近年汉代出土文献日增，虽不足以巨细问题尽然解决，但是与汉代之前相比，判若文献"可征"与"不可征"之别。所以，汉画作为中国形相资料的特殊阶段，据此观察可印之陈述，格局能佐之学理，现象会证之说明；位置靠史实印证，结构倚疏解诠释。因图像信息与文字信息的双重存在，将使汉画成为建立中国图像志，用形相学的方法透入历史、文化和人性的一个独特门类。此汉画作为中国文化研究关键理由之一。

两汉之世事人情、典章制度可以用文字表达者俱可在经史子集、竹帛简牍中钩沉索隐，而信仰气度、日常生活不能和不被文字记述者，当在形相资料中考察。形者，形体图像；相者，结构现象。事隔两千年形成的古今感受之间的千仞高墙，得汉画其门似可以过入。而中国文明的基业，多始于汉代对前代的总结、集成而制定规范；即使所谓表率万世之儒术，亦为汉儒所解释而使之然。诸子学说亦由汉时学人抄传选择，隐显之功过多在汉人。而道德文章、制度文化之有形迹可以直接回溯者，更是在汉代确立圭旨，千秋传承，大同小异，直至中国现代化来临。往日的学术以文字文献为主，自从进入图像传播时代，摄影、电视造就了人类看待事物的新方法，养成了直接面对图像的解读能力。于是反观历史，对于形相资料的重视与日俱增。因此，由于汉代奠定汉族为

---

[1] 对于古史，有所谓四重证据法：传世文献+出土文献+出土文物+依地形、位置和建筑建构遗存复原的文化环境设想。但任何史实，多少都有余绪流传至今，则可通过现今活态遗存，以今证古，这是西方人类学、文化地理学中使用的方法。例如，可从近日的墓葬石工技艺中考溯汉代制作；再如，今日非物质文化遗产中的祭祀庆典仪式，其中可能有此地同族举行同类型活动的延承，正所谓"礼失而求诸野"。所以，对于某些历史对象，可以采用六重证据法：传世文献+出土文献+出土文物+复原的文化环境设想+现今活态遗存+试验考古（即用当时的工具、材料、技术、观念重新试验完成一遍古代特定的任务）。对问题的追索无非依靠文字和形相两种性质的材料，故略称"文字图形"。

主体的文明而重视汉代，由于读图观相的时代到来而重视图画，此汉画之为中国文化研究关键理由之二。

"汉画"沿用习称。《汉画总录》关注的汉画包括画像石、画像砖、帛画、壁画、器物纹样和重要器物、雕刻、建筑（宗教世俗场所和陵墓）。所以，与《汉画总录》互为表里的国家图像数据库 [2] 则称之为"汉代形像资料"，是为学术名称。

汉画研究根基在资料整理。图像资料的整理要达到"齐全"方能成为汉画学的基础。所谓齐全，并非奢望汉代遗迹能够完整留存至今，而是将现存遗址残迹，首先确定编号，梳理集中，配上索引，让任何一位学者或观众，有心则可由之而通览汉代的形相资料总体，了解究竟有多少汉代图形存世。能齐观整体概况，则为齐也。如果进一步追索文化、历史和人性的问题，则可利用这个系统，有条理、有次序地进入浩瀚的形相数据，横征纵析，采用计算机详细精密的记录手段和索引技术，获取现有的全部图像材料。与我们陆续提供给学界的"汉代古文献全文数据库"和"中文、西文、日文研究文献数据库"互为参究，就能协助任何课题，在一个整体学科层面上开展，减少重复，杜绝抄袭，推动研究，解决问题。能把握学科动态则为全也。《汉画总录》是与国家图像数据库相辅相成的一个长期文化工程，是依赖全体汉画学者努力方能成就的共同事业。一事功成，全体受益。如果《汉画总录》及其索引系统建成完整、细致、方便的资料系统，则汉画学的推进可望有飞跃发展，对其他学科亦不无帮助。

汉画编目和《汉画总录》的编辑是繁琐而细致的工作。其平常在枯燥艰苦的境况中日以继夜。此事几无利益，少有名声，唯一可以告慰的是我们正用耐心的劳动，抹去时间的风尘，使中国文明之光的一段承载——汉画，进入现代学术的学理系统中，信息充溢，条理清楚，惠及学界。况且汉画虽是古代文化资料，毕竟养成和包蕴汉唐雄风；而将雄风之遗在当今呈现，是对中国文明的贡献，也是为人类不同文明之间更为深刻的互相理解和世界在现代化中的发展提示参照。

人生有一事如此可为，夫复何求？

编　者

2006 年 7 月 25 日

---

[2] 2005年国家文化部将《中国汉代图像信息综合调查与数据库》项目纳入"国家数据库专项"系统。

编辑体例

《汉画总录》包括编号、图片、图片说明、图像数据、文献目录、索引六部分内容。

1. 编号

为了研究和整理的需要，将现有传世汉画材料统一编号。编号工作归属一个国家项目协调（《中国汉代图像信息综合调查与数据库》为国家艺术科学"十五"规划项目）。方法是以省、区编号（如陕西 SSX，山西 SX）加市、县，或地区编号（如米脂 MZ）再加序列号（三位），同一汉画组合中的部件在序列号之后加横杠，再加序列号（两位）。比如米脂党家沟左门柱，标示为 SSX—MZ-005-01（说明：陕西—米脂—党家沟画像石墓—左门柱）。编号最终只有技术性排序，即首先根据"地点"的拼音缩写的字母排列顺序，在同一地点的根据工作序列号的顺序排序。

地点是以出土地为第一选择，不在原地但仍然有确切信息断定其出土地的，归到出土地编号，并在图片说明中标示其收藏地和版权所有者。如果只能断定其出土地大区（省、区），则在小区（市、县、地区）部分用"××"表示。比如美国密歇根大学博物馆藏的出自山东某地，标示为 SD-××-001。如果完全不能断定其出土地点，则以收藏地点缩写编号。

编号完成之后，索引、通检和引证将大为方便。论及某一个形象或画面，只要标注某编号，不仅简明统一，而且可以在《汉画总录》和与此相表里的国家图像数据库（国家文化部将《中国汉代图像信息综合调查与数据库》项目纳入"国家数据库专项"系统）中根据检索方法立即找到其照片、拓片、线图、相关图像和墓葬的全部信息，以及关于这个对象尽可能全面的全部研究成果，甚至将来还可以检索到古文献和出土文献的相关信息，以及同一类型图像或近似图像的公布、保存和研究情况。

2. 图片

记录汉代画像石、画像砖的图片采取拓片、照片和线图相比照的方式处理。[1]传统著录汉画的方式是拓片，拓片的特点是原尺寸拓印。同时，拓片制作时存在对图像的取舍和捶拓手工轻重粗精之别，而成为独立于原石的艺术品。拓片不能完整记录墓葬中画像砖石的相互衔接和位置关系，

---

[1] 由于在《汉画总录》的编辑方针中，将线描用于对图像的解释和补充，线描制作者的观点和认识会有助于读者理解，但也形成了一定的误导和局限，因此在无必要时，将逐步减少线描的数量，而把这个工作留待读者在研究时自行完成。

以及墓葬内的建筑信息，无法记录画像石上的墨线和色彩，对于非平面的、凸凹起伏的浮雕类画像砖石，也不能有效地记录其立体造型。不同拓片制作者以及每次制得的拓片都会有差异。使用拓片一个有意无意的后果是拓片代替原石成为研究的起点，影响了对画像石的感受和认知。拓片便利了研究的同时也限制了研究。只是有些画像砖石原件已失，仅存拓片，或者原石残损严重，记录画像砖石的拓片则为一种必要的方法。

照片对画像砖石的记录可以反映原件的质地和刻划方法、浮雕的凸凹起伏，能够记录砖石上的墨线和色彩，是高质量的图像记录中不可缺失的环节。线图可以着重、清晰地描绘物像的造型和轮廓，同时作为一种阐释的方法，可以展示、考察、记录研究者对图像的辨识和推证。采取线图、照片、拓片相结合的途径记录画像砖石，可相互取长补短，较为完备。

帛画、壁画和器物纹样一般采用照片和线图。

其他立体图像采用照片、三维计算机图形、平面图和各种推测性的复原图及局部线图。组合图与其他图表的使用，在多部组合关系明确的情况下，一般会给出组合图加以标明，用线描图呈现；在多部组合而关系不明确的情况下则或缺存疑。其他测绘图、剖面图、平面图以及相关列表等均根据需要，随着录列出，视为一种图解性质的"说明"。[2]

3. 图片说明

图片说明分为两个部分。其一是关于图片的基本信息，归入"4. 图像数据"中说明；其二是对于图像内容的描述。描述古代图像时，基于古今处在不同的观念体系中的这一个基本前提，采取不同方式判定图像。

3.1 尝试还原到当时的概念中给予解释[3]，在此方向下通常有两种途径。

3.1.1 检索古代文献中与图像对应的记载或描述，作出判定。但现存的问题，一是并非所有图像都能在文献中找到相应的记载或解释，即缺乏完备性；二是这种对应关系是人为赋予的，文献

---

[2] 根据编辑需要，在材料和技术允许的情况下，会给出部分组合关系图。由于编辑过程受到各种条件的限制，尽其努力也无法解决全卷缺少部分原石图、拓片、线图的情况，或者极个别原石尺寸不齐的情况，目前保持阙如，待今后在补遗卷中争取弥补。

[3] 任何方式中我们都不可能完全脱离今人的认识结构这一立足点，不可能清除解释过程中"我"的存在，难以避免以今人的观念结构去驾驭古代的概念。完全回到当时当地观念中去只是设想。解释策略决定了解释结果。在第一种方式中，我们的目的不是把自己置换到古人的处境中去体验，而是去认识古人所用概念及其间结构关系。

与图像并不存在必然的联系，且不同研究者可能作出不同的判断 [4]；三是现存文献只是当时多种版本的一种，民间工匠制作画像石所依据的口述或文字版本未必与经过梳理的传世文献（多为正史、官方记录和知识分子的叙述）相符。

3.1.2 依据出土壁画上的题记、画像砖石上的榜题、器物上的铭文等出土文字材料，对相应图像作出判定，这种方式切近实况，能反映当时当地的用语，但是能找到对应题记的图像只占图像总体的一小部分。

3.2 在缺失文献的情况下，重构一种图像描述的方式——尽量类型化并具有明晰的公认性。如大量出现的独角兽，在尚不确定称其为"兕"还是"獬豸"时，便暂描述为独角兽，尽管现存汉代文献中可能无"独角兽"一词。同时，图像描述采取结构性方式，即先不做局部意义指定，而是在形状—形象—图画—幅面—建筑结构—地下地上关系—墓葬与生宅的关系—存世遗迹和佚失部分（黑箱）之间的关系等关系结构中，判定图像的性质或意义。尽管没有文字信息，图像在画面和墓葬中的位置和形相关系提供了考察其意义和功能的线索。

在实际图片说明中，上述两种方式往往并用。对图像的描述是在意识到这些问题的情况下展开的，部分指谓和用语延承了以往的研究，部分使用了新词，但都不代表对图像含义的最终判定，而只是一种描述。

4. 图像数据

图片的基本信息（诸如编号、尺寸、质地、时代、出土地、收藏单位等）实际上是图像数据库的一个简明提示。收入的汉画相关信息通过数据库的方式著录，其中包括画像石编号、拓片号、原石照片编号、原石尺寸 [5]、画面尺寸、画面简述、时代、出土时间、征集时间、出土地 [6]、收藏单位、原收藏号、原石状况（现状）、所属墓葬编号 [7]、组合关系、著录与文献等项。文字、质地、色

---

[4] 关于此前题材判定和分类的方法和问题，参见盛磊：《四川汉代画像题材类型问题研究》，北京大学艺术学系99级硕士毕业论文。

[5] 画面尺寸的单位均为厘米，书中不再标识。

[6] 出土与征集的区分以是否经过科学发掘为界，凡经正式发掘（无论考古报告发表与否）均记为出土，凡非正式发掘（即使有明确出土地点和位置）均记为征集。

[7] 所属墓葬因发掘批次和年代各异，故记为发掘时间加当时墓葬编号，如1981M3表示党家沟1981年发掘的第3号墓葬。

前　言

安徽萧县汉代画像石在中国汉代画像研究范围内是一个有着独特地位的收藏。

在很长一段时间内，安徽都是画像石讨论的一个空白点，其原因在于，这个地区很长时间都没有大规模的集中发现，或者说大量的同类型汉代画像发现地点按现在的行政区划并不归入安徽省，而是归入在汉代时与之处于同一个文化区的江苏徐州地区和河南诸县。但是随着萧县近年一系列深入的发掘和精心的整理，这里发现的汉代画像不仅在全国范围内是一个必要的补充，而且其特殊的地位和特别的状况，既推进了对汉代图像的认识，也为理解周围地区的画像石图像的性质和意义提供了必要的参考。

安徽萧县汉代画像的意义首先是在研究资料价值的一次重要的戏剧性变化上。目前《汉画总录·萧县卷》所收画像石主要是考古发掘获取的，基本信息可靠而周全。而此地曾经存在过一般性的画像石流落市场、依赖收集、以拓片交易的现象。而现在萧县收藏画像石正好相反，大都是经由科学发掘出土，几个重要的画像石墓的发掘，还是由安徽省考古所主持和协助进行，有基本完整的发掘报告和发掘人的现场记录。在中国现有的画像石遗存中，按照考古的方式进行的发掘和记录所占比例本来并不高，因此，当地的文物部门所进行的收集工作的谨慎态度就更令人敬佩。他们在简陋艰苦的环境下，就零星发现的汉画和现象，持续不断地对发现当事人进行追踪，尽量对细节作出记录，其细致程度超出一般考古报告的套路和格式，为汉画的研究保留了一些独特的信息和数据。

安徽萧县汉代画像的意义还在于，它同时具有画像石存在状况的另一个特点，就是整个画像石墓墓上的部分和墓下的部分的关联性可以被考察。这一特点之前在萧县邻近的宿州褚兰墓发现过，受到了整个学界的高度关注。褚兰墓1956年清理，90年代才发表报告。今天无论是武氏祠的研究，还是其他个案如徐州白集汉墓的研究，都涉及祠堂、墓垣、墓园和墓室的关系，但是由于缺乏系统的、准确的、仔细的原始发掘和考古报告，所以无法确定它们之间的关系究竟如何。白集汉墓墓上周环的墓垣曾经被移动、垫高过，原始状态受到干扰。而对武氏祠底下的墓葬的发掘一直是国际学术界高度关注的一个方向，因为普林斯顿大学刘一苇和一批美国专家对武氏祠提出伪刻、后世加刻铭文等质疑，把武氏祠研究推向一个新的维度，而解答质疑的基础工作就是考察祠堂与墓葬结构的关系，对其再度进行深入发掘的迫切性到了一个备受关注的地步。本世纪初，在北京大学汉画研究所和当地专家不间断的追究和督促下，山东省考古所曾经派人进行过钻探，但是由于上面的民居太多，当时无法深入进行，直到最近得到消息，山东省嘉祥县政府正在准备把这块地区辟为画像石的整体保护基地，围绕武氏祠再进行一系列的发掘，并且用新设备，对1972年经蒋英炬、吴文祺先生测绘后在武氏祠平铺陈列于玻璃展柜中的石构件进行重新扫描和测绘。这种消息引发了对萧县的汉代画像石墓的比照作用的特别关注。如果对武氏祠所在区域进行发掘，在墓下会有什么新的发现？祠堂已经在地上保存了两千年，经历了一千多年的关注、保管、移藏的这几个石祠堂，聚散多次，而今掇合意见和内容解释各异，究竟可以与哪一些墓葬结构相联系？这些问题就可与最近萧县墓葬所给出的理论基础相比对，因为萧县有几处祠堂、墓垣、墓园和墓室的关系被准确清晰地发现和描述，可见萧县在这个方面的作用之特别。

萧县汉画还有很多新的发现，也值得注意，都在本次编辑中作了揭示。

这次对萧县画像石的整理，无论是测量、记录、描绘、捶拓、摄影和扫描，还是画面描述和文献著录，皆是按照《汉画总录》原定规范进行。但是由于出现过伪造拓片扰乱研究秩序和画像石识别的事件，所以此次编辑对"拓片作为研究证据使用"这个方法本身作了严格规范，进一步加深了对拓片在研究中可能出现误导问题的认识。所谓严格规范，就是《汉画总录·萧县卷》的拓片遵循两点：其一，所有的拓片只能在科学发掘和征集信息准确的石块之上完成；其二，所有拓片的拍摄在捶拓过程中，即覆在原石上，还未揭下之前完成。也就是说，《汉画总录·萧县卷》里的拓片是与原石照片成对出现的，除非石头本身有问题，否则拓片绝对没有可能再出现问题。同时，不再将原石不明或遗失的仅存拓片作为附录收入《汉画总录》，终止了在编辑《汉画总录·南阳卷》时增加这一部分拓片著录的办法。

拓片到底在图像研究中间起什么作用？就这个问题，我们作了进一步追究。拓片本来就不是汉代图像原来的状况，且不涉及壁画、帛画和器物纹样，即使是画像石、画像砖，千年之后出土于地下，现存的情况已不复当年面貌，拓片只不过是再用捶拓技术做出来的"版画"作品。作为印刷术的一个特殊品类，论及汉画拓片时，我们似可将之作如是观：

中国的版画有两个重要的渊源。其一始于汉画——对汉代图像的复制，复制图像最晚在汉代刚过的魏晋南北朝时期就已经有记载，这种复制是一种手工临摹，在东晋王羲之的一封手札中留下了他在一个汉代庙堂中临摹的记录。后来人们发现可以通过拓印技术将图像进行复制，拓印图形即是以版印画，汉画即版画，汉代的图像因而得以流传，中国的视觉与图像的记录和流传由此进入人类文明史。至晚到宋代，这种视觉与图像的复制方法已相当普遍，并为人们所推崇和追求，在《小蓬莱阁金石文字》著录里，称有《武梁祠像唐拓本》，不知确否。无论如何，汉代的图像遗留下来的多维雕塑，却被普遍地作为印刷用的版子，用来进行进一步的复制和批量生产，这种方法沿用下来，使得这种复制到最后就成为汉代图像留存的主要方向，所以汉代艺术作为一种文化现象，从"雕塑"演变为一种"版画"。

这种方向是如此的特别，以至于影响到人们对汉代风格和性质的理解，造成了审美的"主动误取"，包括鲁迅先生在内，都将汉代艺术视为"博大精深"。汉代艺术当然博大也必然精深，因其时代遥远，很多普通的事物都因为长久的遗忘而变得如此深沉而微茫，需要钩沉索隐，才能将其意义寻找出来。但是，汉代画面本身又如此地讳莫如深，其艺术的审美性质本身并不"博大"，所有这一切的误解都是因为汉代的石刻雕塑，特别是墓阙与墓穴中的浮雕，被反复地用"版画"的方式进行复制。这种复制主要是用墨进行的，而且其微妙柔和的细节因为复制的特殊性而变得模糊而浑厚，从而给人一种"博大"（厚重）的感觉，而事实上，过去在汉代无论在宫室还是在陵墓，所有的图画的表面都是敷有彩色的，雕刻的底版上本来都再用细线手工描画和填彩。这样的巨大误解产生了一门特殊的艺术门类——汉画，虽然现在已经有对汉代的图像清晰地复原的现代技术，但仍沿其习称。这些历史的误取正是因为汉代的图像大多通过版刻和印制的方式流传下来，因此通常不称为汉代浮雕或汉代石刻，而是将其视作一种画，一种版画。人们对汉代图像的研究也多年来只用拓本进行，将汉代图像研究集中在关于汉代的"版画"的研究，一直到1995年北京大学汉画研究所编辑《汉画总录》，此种观念才得到根本的复原。（引自朱青生《版画的渊源》）

对事情的理解决定了拓片的用途。在照相和扫描技术出现之前，拓片曾经是中国记录刻凿痕迹、著录碑刻（专门制备的刻凿平面）和摩崖（选择天然未加打磨修饰的平面）文字与图画的主要方法，但是随着科学著录方法的进步，拓片只能作为对汉代图像研究和一切图像（及实物文字材料）研究的辅助方法，也就是说，我们不能单独依靠拓片进行汉代图像的科学研究。之所以对任何古代和现代拓片材料本身要加以批判性怀疑，除了有造假之疑虑，还因为捶拓过程中依赖人为的理解和参与，导致汉画的拓片有很大的想象、变更和裁量的余地，甚至还可具备拓制者的"个人风格"。萧县所藏汉画即使是按照上述的两点规定来进行捶拓，也无法避免地出现了以下四类问题：第一类，原石不清楚的地方经过捶拓以后变得更加模糊并导致无从辨认和理解，比如编号 AH-XX-044 的门吏手执物不明，原石碎裂，本来还可反复推认，一经墨拓，则完全无法辨认了。第二类，同一种图像由于各人理解不同，变换了认识角度或直接增添了某些部分，反而变成了另外一样事物。比如编号 AH-XX-054 上格中的云气，经过捶拓，成为一条蜿蜒的龙蛇，与下格的龙构成了不符合常规的关系，可能引发误读；编号 AH-XX-011-17 上部的龙多拓出一个隆起的"臀部"。第三类，原来完全不存在图像，因为石上的天然斑瑕和裂痕、破坏之处，而被横加想象和误解，生造出另外的形象。比如编号 AH-XX-072 的人物旁被添加出双幅衣衫，看上去像是有了一种新的服装类型；而编号 AH-XX-066-01 竟然增加了一个人的形状，其实只不过是画面空白处的石头上有斑纹而已。第四类，是图的感觉问题（此处不是指美感问题），比如编号 AH-XX-010 的马背没有拓出，马腿全部拓得很细，看似另外一类马匹，而第二匹马的后腿部解剖结构拓后被完全扭曲。这里只是略略举例而已。拓片发生的此种状况，在以汉画研究为依据建立起来的形相学中，被视作通常所谓的虱轮现象（心像对部分"观看对象"的格式塔［gestalt］处理，这种格式塔不一定趋向真实，而是趋向心像所指）和疑斧现象（指不由"观看对象"引发，而完全出于心像的投射，详说请见《汉画总录·沂南卷》前言）。人类在图像时代普遍都会遭遇人与人之间认识上的差异变化和错觉，这既是人类理性将要面对的困难，使人与人之间难于相互理解和取得共识，也是人类在未来的以机器算法为主导的人工智能时代保持其自由和创造性的人本性整体的根由。但是，虱轮现象和疑斧现象使得拓片中的图像随着拓片制作者个人对事物和文化的认识和想象而出现随意转移，所以单凭拓片本身，不可以成为作为科学的汉代图像研究的材料。在此次拓片完成以后，我们实际上对拓片作了另外一步"修改"工作，就是对拓片本身进行修图，这种修图实际上是基于我们对拓片长期以来的怀疑的一次学术性决定。由此，我们一再坚持的方向现在得到了进一步的确定：《汉画总录》不以拓片为基础编制，而以照相和扫描技术为主要著录的方法，辅以捶拓（拓片）和线描（线图）加以确认和呈现，最后形成形相学断代专项文献总集。

汉画研究方法是对汉代的特有图像材料进行的实验，现代艺术史学的发展进一步将研究对象分为三种材料，除了通常所用的文献和物质形象（考古）材料，"图"作为视觉图像材料的特殊意义逐步被意识到。近代学术史借助考古材料和文献材料的对比取得了重大成果，被视为考据学研究方法之后的一大飞跃，但是今天的学术史又发展到了一个新的转折点，已经到达媒体—图像时代，新媒体迅速发展和高度分化，"如何看待图？"（"图"与"词"作为对立概念，而不是如福柯所讲的"词"与"物"作为对立概念出现）作为一种方法论追问，涉及从"看"到"见"，即注意力和意识将对象从存在向现象的转移。存在的"物"未必一定能被看到（意识），也不能用现在人的眼光去解释历史上的特殊时代和特殊文化中的人的意识和关注，他们只能看到他们能够看见的部分，人不是一个摄制图像的机器，只有"看见"才能将之制作为图画，而看到什么则与观念和认识关联，而汉画就是这种意义上的"图"的代表，从汉画研究中发展出来的形相学概念就是要强调这一点。

人对事物的认识并不是看到就一定能看见，而是只有看到以后对之赋予注意和描绘，将"看见"复制出来，他才是真正意识到这个事物，才能赋予其意义。这个所谓"图"就不是考古和现实中的任何"物"，正如在图像时代，有些现实存在的事物我们视而不见，物质材料被考古发掘出来，现在人看到的，未必当时的人注意到或者未必对之有意识，而当它被重新绘制成造型图像时，就可以确定其已被看见并有意识地在图画过程里被凝视、关注和运用。至于怎么来进行图的建构，对其层次、意义、功能作用的分析，是形相学进一步的课题。所以在这次的萧县汉画的整理中，我们会更加自觉地把古代研究的第三个方向"图"作为重新看待历史发现、解释文明的细腻层次。尤其是今天我们已经进入了图像时代，如何通过图像来认识和解释所有的问题，需要有一套新的方法论，这种新的方法 1996 年开始以形相学为名，作为北京大学教学汉画的课程，也作为《汉画总录》研究的理论基础。在萧县卷的制作过程中，我们会把这个问题进一步有条不紊地展开。《汉画总录·萧县卷》的必要的推进，将会帮助我们把形相学的理论逐步完善。

朱青生　北京大学汉画研究所

周水利　萧县博物馆

编号	AH-XX-043
时代	东汉
出土/征集地	白娄子汉墓
出土/征集时间	
原石尺寸	106×56×11
质地	石灰岩
原石情况	原石呈长方形，断为上下两块。
组合关系	
画面简述	此图为浅浮雕。上刻一朱雀（凤鸟），头生羽冠，双翅张开，尾分六歧，右向双足踏于铺首顶部；下为铺首衔环。上、左、下三边有框，上左两边内有双层框并填刻云纹；三边外框填刻斜线纹，转角处斜线加粗凸起。
著录与文献	
收藏单位	萧县博物馆

编号	AH-XX-044
时代	东汉
出土/征集地	白娄子征集
出土/征集时间	
原石尺寸	109×40×24
质地	石灰岩
原石情况	原石呈长方形，基本完整。
组合关系	
画面简述	此图为浅浮雕。画面一人，头戴武弁（？），着宽袖及足长袍，腰有束带，左向执笏（？）而立。石侧有框。
著录与文献	
收藏单位	萧县博物馆

编号	AH-XX-045
时代	东汉
出土/征集地	白娄子汉墓出土
出土/征集时间	
原石尺寸	111×43
质地	石灰岩
原石情况	原石呈长方形，下端残。
组合关系	
画面简述	此图为浅浮雕。画面中为一璧，四角各有四分之一环，各有一带自中间璧（环）外沿与之连接，上、左、右三边有框，左侧框外可见连弧纹。
著录与文献	
收藏单位	萧县博物馆

编号	AH-XX-047
时代	东汉
出土/征集地	白娄子汉墓出土
出土/征集时间	
原石尺寸	106×48
质地	石灰岩
原石情况	原石呈长方形，基本完整。
组合关系	
画面简述	此图为浅浮雕。画面一人（门吏？），头戴武弁（？），身着及足长袍，宽袖垂胡，腰间膝上有一长方形（织物？形似围裙），拱手持笏，躬身面左而立。四周有框，左侧框外可见连弧纹。
著录与文献	
收藏单位	萧县博物馆

编号	AH-XX-048
时代	东汉
出土/征集地	白娄子汉墓出土
出土/征集时间	
原石尺寸	106×53
质地	石灰岩
原石情况	原石呈长方形，基本完整。
组合关系	
画面简述	此图为浅浮雕。画面上部可见一对阙，阙顶檐下各有一扁方形垫层（？）；阙间立一人，头戴巾帻，着及地长袍，执彗左向而立。画面下部一四坡顶建筑，正脊平直，竖向瓦垄；檐下左右各一立柱，柱头可见中有交叉线，两侧卷杀向上造型（一说为替，或实拍拱）；两柱间停一辐（轺？）车。上、下、右三边有框，下、右两框外可见连弧纹。
著录与文献	
收藏单位	萧县博物馆

AH–XX–048 局部

AH-XX-048 局部

编号	AH-XX-049
时代	东汉
出土/征集地	瓦子口水泥厂 散存
出土/征集时间	2009 年
原石尺寸	113×48×8
质地	石灰岩
原石情况	原石呈长方形，上端残。
组合关系	
画面简述	此图为浅浮雕。画面分上下两格，上格刻菱形穿璧纹；下格刻铺首衔环，环两侧有须（足？），环下有菱形穿璧纹。四周有框。
著录与文献	
收藏单位	萧县博物馆

编号	AH-XX-050
时代	东汉
出土/征集地	瓦子口水泥厂
出土/征集时间	
原石尺寸	110×53×9
质地	石灰岩
原石情况	原石呈长方形，断为两块。
组合关系	
画面简述	此图为浅浮雕。画面分上下两格，上格为菱形穿环纹；下格为铺首衔环，环肉为双层。上、下、左三边有框。
著录与文献	
收藏单位	萧县博物馆

编号	AH-XX-051
时代	东汉
出土/征集地	瓦子口水泥厂
出土/征集时间	
原石尺寸	100×45×9
质地	石灰岩
原石情况	原石呈长方形，断为两块。
组合关系	
画面简述	此图为浅浮雕。画面分上下两格，上格为菱形穿环纹；下格为铺首衔环，环肉为双层。上、下、右三边有框。
著录与文献	
收藏单位	萧县博物馆

编号	AH-XX-052
时代	
出土/征集地	瓦子口水泥厂采集
出土/征集时间	2009 年
原石尺寸	98×49×9
质地	石灰岩
原石情况	原石呈长方形，断为两块。
组合关系	
画面简述	此图为浅浮雕。画面分上下两格，上格为菱形穿璧纹，下格为铺首衔环，环肉为双层。上、下、左三边有框。
著录与文献	
收藏单位	萧县博物馆

编号	AH-XX-053
时代	东汉
出土/征集地	瓦子口水泥厂征集
出土/征集时间	2016 年
原石尺寸	31×130×31
质地	石灰岩
原石情况	原石呈长方形，一角残缺。
组合关系	
画面简述	此图为浅浮雕。刻菱形穿璧纹，四周有框。
著录与文献	
收藏单位	萧县博物馆

编号	AH-XX-054
时代	东汉
出土/征集地	瓦子口水泥厂征集
出土/征集时间	2012 年
原石尺寸	46×210×28
质地	石灰岩
原石情况	原石呈长方形，基本完整。
组合关系	
画面简述	此图为浅浮雕。刻二龙穿三璧，二龙皆张口回首，互衔其尾。四周有框，上下两边为双框，上边框内填刻云纹，下框内填刻连弧纹。
著录与文献	
收藏单位	萧县博物馆

编号	AH-XX-055-01
时代	东汉
出土/征集地	东黄庄 M3
出土/征集时间	
原石尺寸	18×173×41
质地	石灰岩
原石情况	原石呈长方形，基本完整。
组合关系	祠堂屋顶
画面简述	此图为浅浮雕。其顶面前部为仿瓦屋面，可见筒瓦（覆瓦）、板瓦（仰瓦）组合，后部为毛石形态。立面正面为仿瓦当及椽端的双层圆形，其中上层仿瓦当圆形有环形边，上下圆形成对，一一对应，共 11 对。立面两侧为毛石形态。
著录与文献	
收藏单位	萧县博物馆

编号	AH-XX-055-02
时代	东汉
出土/征集地	东黄庄 M3
出土/征集时间	2015 年
原石尺寸	
质地	石灰岩
原石情况	原石呈长方形，三边为毛石状。
组合关系	祠堂构件
画面简述	原石无图案，刻平行线纹。
著录与文献	
收藏单位	萧县博物馆

编号	AH-XX-055-03
时代	东汉
出土/征集地	东黄庄 M3
出土/征集时间	2015 年
原石尺寸	
质地	石灰岩
原石情况	原石呈长方形，两端为毛石状。
组合关系	祠堂构件
画面简述	原石无图案，刻平行线纹，一端可见下凹的长方形。
著录与文献	
收藏单位	萧县博物馆

编号	AH-XX-055-04(1)
时代	东汉
出土/征集地	东黄庄 M3
出土/征集时间	2015 年
原石尺寸	89×29×74
质地	石灰岩
原石情况	原石呈抱鼓形,基本完整。
组合关系	鼓形小祠堂侧壁石正面
画面简述	此图为浅浮雕。其上部为一力士,环眼,蹶张一弩;下部为虎,张口吐舌,长尾后伸,上行。
著录与文献	
收藏单位	萧县博物馆

编号	AH-XX-055-04(2)
时代	东汉
出土/征集地	东黄庄 M3
出土/征集时间	2015 年
原石尺寸	89×74×29
质地	石灰岩
原石情况	原石呈抱鼓形，基本完整。
组合关系	鼓形小祠堂侧壁石侧面
画面简述	此图为浅浮雕。画面上方一戴胜西王母（？）正面端坐，右侧一羽人左向跨步伸手。其下为二轺车，皆前有驭者控缰，后有尊者持便面。二车前方各有一导骑，皆戴冠有须髯；其中上方导骑之前一人，手持盾及环首刀而行；下方导骑前方和下方各一人，皆手持弩和箭而行。画面左下角一人，头戴武弁，着过膝长袍，腰悬书刀（一说为钥匙），右向捧盾躬身相迎。画面左侧有双边框，框间填刻波形纹。
著录与文献	
收藏单位	萧县博物馆

AH-XX-055-04(1) 局部

AH-XX-055-04(2) 局部

编号	AH-XX-055-05
时代	东汉
出土/征集地	东黄庄 M3
出土/征集时间	2015 年
原石尺寸	54×227×21
质地	石灰岩
原石情况	原石呈长方形，基本完整。
组合关系	墓室门楣
画面简述	此图为浅浮雕。刻二龙穿三环，二龙皆张口回首。四周有框。
著录与文献	
收藏单位	萧县博物馆

编号	AH-XX-056
时代	东汉
出土/征集地	东黄庄汉墓群
出土/征集时间	2015 年
原石尺寸	
质地	石灰岩
原石情况	原石整体为长方形，两端呈毛石状。
组合关系	祠堂构件
画面简述	原石上刻两耳杯图案，一端可见下凹的方形，其余部分刻平行线纹。
著录与文献	
收藏单位	萧县博物馆

编号	AH-XX-057
时代	东汉
出土/征集地	东黄庄汉墓群
出土/征集时间	2015 年
原石尺寸	
质地	石灰岩
原石情况	原石整体不规则，有残缺。
组合关系	祠堂构件
画面简述	原石无图案，部分刻平行线纹。
著录与文献	
收藏单位	萧县博物馆

编号	AH-XX-058
时代	东汉
出土/征集地	东黄庄汉墓群
出土/征集时间	2015 年
原石尺寸	
质地	石灰岩
原石情况	原石为梯形，有残缺。
组合关系	祠堂构件
画面简述	原石上刻两耳杯图案，其一残缺，石面可见凿刻线纹。
著录与文献	
收藏单位	萧县博物馆

编号	AH-XX-059(1)
时代	东汉
出土/征集地	东黄庄汉墓群
出土/征集时间	2015 年
原石尺寸	67×22.5×57.5
质地	石灰岩
原石情况	原石呈抱鼓形，基本完整。
组合关系	小祠堂侧壁正面
画面简述	此图为浅浮雕。正面，为一龙，头生一角，前爪四趾，后爪三趾，长尾后伸。左侧有双层框，框间填刻波形纹。
著录与文献	
收藏单位	萧县博物馆

编号	AH-XX-059(2)
时代	东汉
出土/征集地	东黄庄汉墓群
出土/征集时间	2015 年
原石尺寸	67×57.5×22.5
质地	石灰岩
原石情况	原石呈抱鼓形，基本完整。
组合关系	小祠堂侧壁侧面
画面简述	此图为浅浮雕。画面左侧为一人物（神怪？），头顶略尖，双耳及身体边缘有斜线纹；右侧一大树，树下左侧一马，低首右向而立。右侧一兽（猿？），似呈攀援状。左、右、下三边有框，右侧为双层框，框间填刻波形纹。
著录与文献	
收藏单位	萧县博物馆

AH-XX-059（2）局部

编号	AH-XX-060(1)
时代	东汉
出土/征集地	东黄庄汉墓群
出土/征集时间	2015 年
原石尺寸	48.5×22×48
质地	石灰岩
原石情况	原石呈长方形，基本完整。
组合关系	
画面简述	此图为浅浮雕。画面上部一龙，通身披鳞，长尾卷曲，返身引颈下探；下部一铺首衔环，环下为菱形穿璧纹。四周有框，上、右框内侧刻有连弧纹。
著录与文献	
收藏单位	萧县博物馆

编号	AH-XX-061
时代	东汉
出土/征集地	东黄庄汉墓群
出土/征集时间	2015 年
原石尺寸	49×96×15
质地	石灰岩
原石情况	原石呈长方形，基本完整。
组合关系	
画面简述	此图为浅浮雕。画面中间一四坡顶建筑，正脊两端上翘，中央另有一上翘结构，屋面瓦垄清晰；檐下双柱，柱顶可见栾栱，但无斗；柱身两道竖槽，无础；柱间一人，戴冠着长袍，跽坐抚琴（瑟？）。此建筑左右两侧各有一附属建筑，形制与主题建筑基本相同，只是面宽较窄，檐口为双层结构，左侧建筑内一人，戴尖帽，着短衣，长袖，表演袖舞；右侧一人，头戴三角形冠（巾帻？）两侧另有羊角形（饰？）物（发梢？），着长袍，正面双手扶胯而立（坐？）。画面四周三层框，框间由外及内填刻波形纹、斜线纹、上、左、右三边内侧另有连弧纹。
著录与文献	
收藏单位	萧县博物馆

AH-XX-061 局部

编号	AH-XX-062
时代	东汉
出土/征集地	东黄庄汉墓出土
出土/征集时间	
原石尺寸	27×170×30
质地	石灰岩
原石情况	原石呈长方形，基本完整。
组合关系	
画面简述	此图为浅浮雕。刻二龙穿三环，二龙皆张口回首，互衔其尾。四周有框。
著录与文献	
收藏单位	萧县博物馆

编号	AH-XX-063
时代	东汉
出土/征集地	东黄庄汉墓出土
出土/征集时间	
原石尺寸	33×149×15
质地	石灰岩
原石情况	原石呈长方形，基本完整。
组合关系	
画面简述	此图为浅浮雕。刻二龙穿三环，二龙皆张口回首，互衔其尾。四周有框。
著录与文献	
收藏单位	萧县博物馆

编号	AH-XX-064-01
时代	东汉
出土/征集地	庄里
出土/征集时间	2017 年
原石尺寸	113×50×8
质地	石灰岩
原石情况	原石呈长方形，基本完整。
组合关系	左门扉
画面简述	此图为浅浮雕。画面分上下两格，上格为菱形穿环纹；下格为铺首衔环，铺首下另有菱形穿环图案。四周有框。
著录与文献	
收藏单位	萧县博物馆

编号	AH-XX-064-02
时代	东汉
出土/征集地	西虎山汉墓群征集
出土/征集时间	2017 年
原石尺寸	110×51×8.5
质地	石灰岩
原石情况	原石呈长方形，基本完整。
组合关系	
画面简述	此图为浅浮雕。画面分上下两格，上格左侧一鸟，右向展翅；右侧为一朱雀（凤鸟），头生羽冠，尾分四歧，左向而立。下格为铺首衔环，环两侧可以见两足（须?），环下一梯形物（一说为帛）；铺首衔环两侧饰斜纹。四周有框。
著录与文献	
收藏单位	萧县博物馆

编号	AH-XX-065
时代	东汉
出土/征集地	东黄庄汉墓群
出土/征集时间	2015 年
原石尺寸	101×47×10
质地	石灰岩
原石情况	原石呈长方形，基本完整，右侧可见有门枢。
组合关系	
画面简述	此图为浅浮雕。上方一朱雀，头生羽冠，羽翼张开，尾分三歧；下方一铺首衔环，环下一三角形（一说为帛）。上、右侧两边有双层框，内填刻连弧纹。
著录与文献	
收藏单位	萧县博物馆

编号	AH-XX-066-01
时代	东晋
出土/征集地	丁里镇孙小林子
出土/征集时间	
原石尺寸	35×189×30
质地	石灰岩
原石情况	原石呈长方形，基本完整。
组合关系	
画面简述	此图为浅浮雕。左侧残损不可见，画面中间一羊（？），右向而立；右侧一牛形有翼兽，左向奔跑。上、下、右三边可见有框。
著录与文献	
收藏单位	萧县博物馆

编号	AH-XX-066-02
时代	东晋
出土/征集地	丁里镇孙小林子
出土/征集时间	
原石尺寸	122×146×28
质地	石灰岩
原石情况	原石呈长方形，断为两块。
组合关系	
画面简述	此石为高浮雕和浅浮雕结合。画面分三栏，中栏高浮雕一莲花（？）造型，中心圆形突出；左右栏各一外有双层框的菱形网格。
著录与文献	
收藏单位	萧具博物馆

编号	AH-XX-066-03
时代	东晋
出土/征集地	丁里镇孙小林子
出土/征集时间	
原石尺寸	51×169×33
质地	石灰岩
原石情况	原石呈长方形，基本完整。
组合关系	
画面简述	此图为浅浮雕。画面为乐舞百戏图像。左端三人（似为女性），皆坐，最左者手持一圆形物（或为扇），上有连续弧线，应为垂幔。右侧一人，着短衣，表演飞剑（共三剑）。再右一人，怀抱一物而立。其右一人，头梳三髻，着长袍，双手张开，似表演巾舞（袖舞？）。再右一人着短衣呈跨步姿势，表演跳丸（共六丸）。再右一人，双手按一鼓倒立。右侧一人着长袍跽坐，双手持桴，左向击鼓，其身后一猿（羽人？）。右端三人（似为男性），皆着长袍，正面而坐，居左者转身向左；三人头上亦有连续弧线，应为垂幔。画面上有四层边框，框间由外及内填刻连弧纹、波形纹、菱形纹；下边单层边框。
著录与文献	
收藏单位	萧县博物馆

AH-XX-066-03 局部

AH-XX-066-03 局部

编号	AH-XX-066-04
时代	东晋
出土/征集地	丁里镇孙小林子
出土/征集时间	
原石尺寸	109×47×30.5
质地	石灰岩
原石情况	原石呈长方形，基本完整。
组合关系	
画面简述	此图为浅浮雕。画分两格，上格为一人物，肩生双羽，呈坐姿；下格上方为二女性人物，皆头梳三髻，着及地长袍；其下一人，头戴巾帻，着及地长袍，一手执彗右向而立。上、左两边有三层框，框间填刻连弧纹和涡形纹。右边为双边框，填刻涡形纹。
著录与文献	
收藏单位	萧县博物馆

AH-XX-066-04 局部

AH-XX-066-04 局部

编号	AH-XX-066-05
时代	东晋
出土/征集地	丁里镇孙小林子
出土/征集时间	
原石尺寸	47.5×109×28
质地	石灰岩
原石情况	原石呈长方形，基本完整。
组合关系	
画面简述	此图为浅浮雕。画面左（上？）为一翼虎，张口露齿，肩生羽翼，四肢伸展，长尾上扬；其右（下？）一翼龙，头生双角，通身披鳞，张口露齿，四肢伸展，长尾后扬，与翼虎相戏。上、左两边有三层框，框间填刻连弧纹和涡形纹。下边为双边框，填刻涡形纹。
著录与文献	
收藏单位	萧县博物馆

编号	AH-XX-066-06
时代	东晋
出土/征集地	丁里镇孙小林子
出土/征集时间	
原石尺寸	50×170×32
质地	石灰岩
原石情况	原石呈长方形，基本完整。
组合关系	
画面简述	此图为浅浮雕。画面左端为一鸟首兽身怪兽，头生羽冠，长尾后伸，返身探前足倒立。其右为一虎身三首怪兽，肩生羽翼，身披虎纹，长尾后扬，面左而奔。其右一兽，尖吻双耳，肩生羽翼，长尾后伸，引颈探前足返身倒立。其右上方一鸟，展翅左飞；其右一豹型怪兽（？），身披点纹，肩生羽翼，长尾后伸，左向而行。其右一熊，张口吐舌，一前爪按一鸟，一前爪平伸向后，返身回首而立。右端二兽，肩皆有翼，相互缠斗（戏？）。画面上边四层边框，框间由外及内填刻连弧纹、波形纹、菱形纹；下边单层边框。
著录与文献	
收藏单位	萧县博物馆

AH-XX-066-06 局部

编号	AH-XX-066-07
时代	东晋
出土/征集地	丁里镇孙小林子
出土/征集时间	
原石尺寸	122×30×30
质地	石灰岩
原石情况	原石呈圆柱形，基本完整。
组合关系	
画面简述	此为圆雕墓室内石柱。柱上承柱头耳平欹栌斗；柱身浮雕12根束竹包覆，并可见竹节；柱身中部浮雕一"人字纹"宽带箍，上下另各有一窄带箍，表示编扎固定束竹之物；柱下有础，柱础上部为覆盆形状，下为方形。
著录与文献	
收藏单位	萧县博物馆

编号	AH-XX-066-08
时代	东晋
出土/征集地	丁里镇孙小林子
出土/征集时间	
原石尺寸	49×123
质地	石灰岩
原石情况	原石呈长方形，基本完整。
组合关系	
画面简述	此图为浅浮雕。画面上方（左方？）为一翼虎，张口露齿，引颈伸前爪，肩生羽翼，长尾后伸；下方（后方？）一翼龙，头生双角，张口似衔翼虎一后足，肩生羽翼，一足前伸，长尾后伸。
著录与文献	
收藏单位	萧县博物馆

编号	AH-XX-066-09
时代	东晋
出土/征集地	丁里镇孙小林子
出土/征集时间	
原石尺寸	34.5×195×27
质地	石灰岩
原石情况	原石呈长方形，基本完整。
组合关系	
画面简述	此图为浅浮雕。画幅为近似梯形，中有双鹿，头生双角，皆呈卧姿，左侧鹿低首探前足，双鹿中央立生一植物（一说为仙草或芝草）。
著录与文献	
收藏单位	萧县博物馆

编号	AH-XX-066-10
时代	东晋
出土/征集地	丁里镇孙小林子
出土/征集时间	
原石尺寸	123×106×31
质地	石灰岩
原石情况	原石呈长方形，基本完整。
组合关系	
画面简述	此石为高浮雕、透雕和浅浮雕结合。上为一墓窗，窗框为高浮雕仿十字榫卯枋木搭接结构，四角有方形凸起，内有另两层框边，透雕菱形窗格；窗下为一高浮雕人像柱，人像头戴尖帽，着过膝袍，双足踏于榻状柱础上，双手高举，头部顶托上方一斗二升栾拱及高浮雕仿木窗框。柱两侧为浅浮雕，左侧上部有一凤鸟，头有羽冠，尾分四歧；下一鸟右飞；最下一人回身牵一马。右侧上部一兽向上，回身探一足；下部一虎张口露齿，曲颈上行。四周有浅浮雕边框，其中上边为双层框，框间填刻连弧纹；左右两侧为三层框，框间由外及内填刻连弧纹与波形纹。
著录与文献	
收藏单位	萧县博物馆

编号	AH-XX-067
时代	东汉
出土/征集地	高庄汉墓出土（新农村建设）
出土/征集时间	2017 年
原石尺寸	35×200×31
质地	石灰岩
原石情况	原石呈长方形，基本完整。
组合关系	
画面简述	此图为阴线刻。画面刻二龙穿三环，二龙皆张口回首，通身披鳞，互衔其尾，三环皆饰三角纹。左右两边有框。
著录与文献	
收藏单位	萧县博物馆

编号	AH-XX-068
时代	东汉
出土/征集地	高庄汉墓群出土（新农村建设）
出土/征集时间	
原石尺寸	38×193×17
质地	石灰岩
原石情况	原石呈长方形，基本完整。
组合关系	
画面简述	此图为浅浮雕。画面刻二龙穿三环，二龙皆张口回首，互衔其尾。四周有框。
著录与文献	
收藏单位	萧县博物馆

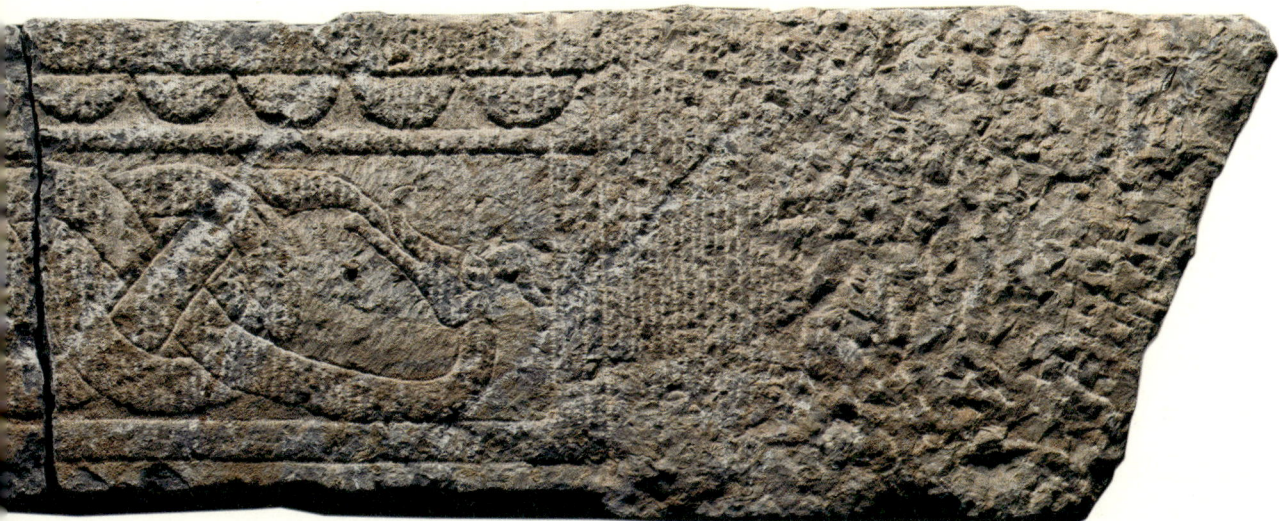

编号	AH-XX-069
时代	东汉
出土/征集地	高庄汉墓群出土（新农村建设）
出土/征集时间	
原石尺寸	40×203×24
质地	石灰岩
原石情况	原石呈长方形，基本完整。
组合关系	
画面简述	此图为浅浮雕。画面刻二龙穿三环，二龙皆张口回首，互衔其尾。四周有框，上边为双层框，内填刻连弧纹。
著录与文献	
收藏单位	萧县博物馆

编号	AH-XX-070
时代	东汉
出土/征集地	高庄汉墓出土（新农村建设）
出土/征集时间	
原石尺寸	117×28×26
质地	石灰岩
原石情况	原石呈长方形，基本完整。
组合关系	
画面简述	此图为浅浮雕。刻波形纹图案。四周有框。
著录与文献	
收藏单位	萧县博物馆

编号	AH-XX-071
时代	东汉
出土/征集地	高庄汉墓出土（新农村建设）
出土/征集时间	
原石尺寸	117×20×33
质地	石灰岩
原石情况	原石呈长方形，基本完整。
组合关系	
画面简述	此图为浅浮雕。刻波形纹图案。四周有框。
著录与文献	
收藏单位	萧县博物馆

编号	AH-XX-072
时代	东汉
出土/征集地	王大庄汉墓群采集
出土/征集时间	1996 年
原石尺寸	108×34×22
质地	石灰岩
原石情况	原石呈长方形，断为上下两块。
组合关系	
画面简述	此图为浅浮雕。一人，头部漫漶不清，着及足长袍，左向拱手而立。左、右两侧有框。
著录与文献	
收藏单位	萧县博物馆

编号	AH-XX-073
时代	东汉
出土/征集地	瓦子口水泥厂征集
出土/征集时间	2011 年
原石尺寸	106×52×29
质地	石灰岩
原石情况	原石呈长方形，左右皆残。
组合关系	
画面简述	此图为浅浮雕。漫漶，上见一凤鸟，尾分十二歧，左向而立；中间二鸟相对而立；下部左侧似可见一人，右侧一兽似牛，长尾有角，左向而奔。上边有框。
著录与文献	
收藏单位	萧县博物馆

编号	AH-XX-074
时代	东汉
出土/征集地	王大庄
出土/征集时间	1999 年
原石尺寸	106.5×50×30
质地	石灰岩
原石情况	原石呈长方形，基本完整。
组合关系	
画面简述	此图为浅浮雕。画面漫漶，刻一人（门吏？），着及地长袍，拱手（？）躬身右向而立。四周有框。
著录与文献	
收藏单位	萧县博物馆

编号	AH-XX-075-02
时代	东汉
出土/征集地	冯楼 M8
出土/征集时间	
原石尺寸	119×58×9
质地	石灰岩
原石情况	原石呈长方形，基本完整。
组合关系	墓门左门扉
画面简述	此图为浅浮雕。画面上方一朱雀（凤鸟），头生五歧羽冠，尾分五歧，双翅张开，双足踏于铺首顶尖；下为铺首衔环。上、左两边有双层边框，框间填刻波形纹。
著录与文献	苏肇平主编：《萧县汉画像石集·汉石刻艺术》，南昌：江西美术出版社，2000年，第22页，图30。
收藏单位	萧县博物馆

编号	AH-XX-075-03
时代	东汉
出土/征集地	冯楼 M8
出土/征集时间	
原石尺寸	118×54×9
质地	石灰岩
原石情况	原石呈长方形，基本完整。
组合关系	墓门右门扉
画面简述	此图为浅浮雕。画面上部一羽人，一手前伸，双腿跨步而立于铺首顶尖之上；下为铺首衔环。上、右两边为双层边框，框间填刻波形纹。
著录与文献	苏肇平主编：《萧县汉画像石集·汉石刻艺术》，南昌：江西美术出版社，2000年，第22页，图31。
收藏单位	萧县博物馆

AH-XX-075-02 局部

AH-XX-075-03 局部

编号	AH-XX-076-01
时代	东汉
出土/征集地	冯楼 M26
出土/征集时间	1999 年
原石尺寸	106×49×9
质地	石灰岩
原石情况	原石呈长方形，基本完整。
组合关系	墓门左门扉
画面简述	此图为浅浮雕。画面分为上下两格，上格为菱形穿环纹；下格为铺首衔环，环下一梯形物（一说为帛），空白处饰三角线纹。上、右、下三边有框。
著录与文献	
收藏单位	萧县博物馆

编号	AH-XX-076-02
时代	东汉
出土/征集地	冯楼 M26
出土/征集时间	1999 年
原石尺寸	105 × 49.5 × 10
质地	石灰岩
原石情况	原石呈长方形，基本完整。
组合关系	墓门右门扉
画面简述	此图为浅浮雕。画面分为上下两格，上格为菱形穿环纹；下格为铺首衔环，环下一梯形物（一说为帛），空白处饰三角线纹。上、左、右三边有框。
著录与文献	安徽省文物考古研究所，安徽省萧县博物馆编:《萧县汉墓》,北京:文物出版社,2008 年，第 57 页，图 31b。
收藏单位	萧县博物馆

编号	AH-XX-077
时代	东汉
出土/征集地	冯楼
出土/征集时间	1999 年
原石尺寸	42.5×162×23
质地	石灰岩
原石情况	原石呈长方形，基本完整。
组合关系	
画面简述	此图为浅浮雕。画面为二龙穿三璧，二龙皆张口回首，互衔其尾，龙身可见一道中分刻线。四周有框，其中上、下两边填刻波形纹。
著录与文献	
收藏单位	萧县博物馆

编号	AH-XX-078
时代	东汉
出土/征集地	冯楼征集
出土/征集时间	1999 年
原石尺寸	106 × 55 × 10
质地	石灰岩
原石情况	原石呈长方形，基本完整，左侧可见门枢。
组合关系	
画面简述	此图为浅浮雕。上刻一朱雀（凤鸟），头生羽冠，长尾上扬，右向立于铺首顶部；下方为铺首衔环，环肉有双层，环下一梯形物（一说为帛）。上、左两边有双层边框，内填刻连弧纹。
著录与文献	
收藏单位	萧县博物馆

编号	AH-XX-079
时代	东汉
出土/征集地	冯楼
出土/征集时间	1999 年
原石尺寸	45.5×108×31
质地	石灰岩
原石情况	原石呈长方形，左侧残缺。
组合关系	
画面简述	此图为浅浮雕。画面左侧可见一虎（？），身有斑纹，长尾后扬，后腿抬起，左行；右侧一人物，头戴帽（？），着短衣，一手持长剑（或刀）刺虎后足，双腿跨立于地面。上、下、右三边有双层边框，框间填刻波形纹。
著录与文献	
收藏单位	萧县博物馆

编号	AH-XX-080
时代	东汉
出土/征集地	冯楼
出土/征集时间	1999 年
原石尺寸	48×181×29
质地	石灰岩
原石情况	原石呈长方形,基本完整。
组合关系	
画面简述	此图为浅浮雕。画面为二龙穿三环,二龙皆张口回首。四周有框。
著录与文献	
收藏单位	萧县博物馆

编号	AH-XX-081
时代	东汉
出土/征集地	冯楼
出土/征集时间	1999 年
原石尺寸	40×133×27.5
质地	石灰岩
原石情况	原石呈长方形，右侧残缺。
组合关系	
画面简述	此图为浅浮雕。画面左端为一龙，通身披鳞，爪分三趾，左向回首引颈右探；中间一兽，身有斑纹，右行仰头回首；右侧为一熊，人立，面右四肢张开。上、左、下三边有框，左、下两边框填刻波形纹。
著录与文献	
收藏单位	萧县博物馆

编号	AH-XX-082
时代	东汉
出土/征集地	冯楼
出土/征集时间	1999 年
原石尺寸	102×51×10
质地	石灰岩
原石情况	原石呈长方形，左上角残缺。
组合关系	
画面简述	此图为浅浮雕。画面上下两格，上格画面漫漶，下格为铺首衔环，可见铺首下方有梯形物（一说为帛）。
著录与文献	
收藏单位	萧县博物馆

编号	AH-XX-083
时代	东汉
出土/征集地	冯楼
出土/征集时间	1999 年
原石尺寸	32×60×13
质地	石灰岩
原石情况	原石呈长方形，基本完整。
组合关系	
画面简述	此图为剔地浅浮雕。漫漶不清，画面为二圆形，一侧圆内有一兽（？）。
著录与文献	苏肇平主编：《萧县汉画像石集·汉石刻艺术》，南昌：江西美术出版社，2000 年，第 22 页，图 28。
收藏单位	萧县博物馆

编号	AH-XX-084
时代	东汉
出土/征集地	冯楼
出土/征集时间	1999 年
原石尺寸	102×58×12
质地	石灰岩
原石情况	原石呈长方形，断为 6 块。
组合关系	
画面简述	此图为浅浮雕。刻铺首衔环，环肉分三层。左侧可见有框。
著录与文献	
收藏单位	萧县博物馆

编号	AH-XX-085
时代	东汉
出土/征集地	冯楼
出土/征集时间	1999 年
原石尺寸	50×60×11.5
质地	石灰岩
原石情况	原石呈长方形，下端残。
组合关系	
画面简述	此图为浅浮雕。可见一朱雀（凤鸟），头生羽冠，尾分三歧，双足踏于铺首顶部；下部残缺不可见。上、右两边有框。
著录与文献	
收藏单位	萧县博物馆

编号	AH-XX-086
时代	东汉
出土/征集地	冯楼采集
出土/征集时间	1999 年
原石尺寸	65×54×13
质地	石灰岩
原石情况	原石呈长方形，下端残。
组合关系	
画面简述	此图为浅浮雕。画面漫漶不清，分上下两格，上格为菱形穿环纹；下格可见一铺首上部。左、上两边有框。
著录与文献	
收藏单位	萧县博物馆

编号	AH-XX-087
时代	东汉
出土/征集地	冯楼采集
出土/征集时间	1999 年
原石尺寸	69×57×9
质地	石灰岩
原石情况	原石呈长方形，下端残。
组合关系	
画面简述	此图为浅浮雕。上一朱雀（凤鸟），头生羽冠，冠分三歧，双翅展开，尾分四歧，右向双足踏于铺首顶部；下可见铺首上部。上、左有双层边框，内填刻波形纹。
著录与文献	
收藏单位	萧县博物馆

编号	AH-XX-088
时代	东汉
出土/征集地	冯楼
出土/征集时间	
原石尺寸	40×243×27
质地	石灰岩
原石情况	原石呈长方形，断为左右两块。
组合关系	
画面简述	此图为浅浮雕。画面残为二，画面为二龙穿三璧，二龙皆张口回首，互衔其尾。四周有框，下框填刻波形纹。
著录与文献	
收藏单位	萧县博物馆

编号	AH-XX-089
时代	东汉
出土/征集地	冯楼
出土/征集时间	2000 年
原石尺寸	47×48×9
质地	石灰岩
原石情况	原石呈长方形，下端残缺。
组合关系	
画面简述	此图为浅浮雕。可见一羽人，散发，肩背生羽，手掌巨大，左向单腿跪地。上、右两边可见有双层边框，框内填刻波形纹。
著录与文献	
收藏单位	萧县博物馆

编号	AH-XX-090
时代	东汉
出土/征集地	冯楼汉墓群
出土/征集时间	2000 年
原石尺寸	85 × 44 × 9
质地	石灰岩
原石情况	原石呈长方形，残缺不全。
组合关系	
画面简述	此图为浅浮雕。漫漶，可见铺首右上部分。右侧可见有双层边框，框间填刻波形纹。
著录与文献	
收藏单位	萧县博物馆

编号	AH-XX-091
时代	东汉
出土/征集地	冯楼
出土/征集时间	1998 年
原石尺寸	43×152×19
质地	石灰岩
原石情况	原石呈长方形，基本完整。
组合关系	
画面简述	此图为浅浮雕。菱形穿璧纹。四周有框，一边为双框，框间填刻连弧纹。
著录与文献	
收藏单位	萧县博物馆

编号	AH-XX-092
时代	东汉
出土/征集地	冯楼汉墓
出土/征集时间	
原石尺寸	108×34×27
质地	石灰岩
原石情况	原石呈长方形，基本完整。
组合关系	
画面简述	此图为浅浮雕。画面上部一人，似戴武弁（？），着及足长袍，腰间悬剑，躬身持一物（似笏），左向而立；下部一人，似戴进贤（？）冠，着及足长袍，腰间及臂弯处束带，腰间亦悬剑，转头向正面，持笏左向而立。上、左、右三边有框。
著录与文献	
收藏单位	萧县博物馆

编号	AH-XX-093
时代	东汉
出土/征集地	冯楼汉墓
出土/征集时间	
原石尺寸	107×34×29
质地	石灰岩
原石情况	原石呈长方形，基本完整。
组合关系	
画面简述	此图为浅浮雕。一龙上行，有独角，通身披鳞，长尾上扬；其上方可见一鸟，头生羽冠，长尾（形象略漫漶）。画面左右两侧有框。
著录与文献	苏肇平主编：《萧县汉画像石集·汉石刻艺术》，南昌：江西美术出版社，2000 年，第 9 页，图 10。
收藏单位	萧县博物馆

编号	AH-XX-094(1)
时代	东汉
出土/征集地	冯楼
出土/征集时间	
原石尺寸	108×34×34.5
质地	石灰岩
原石情况	原石呈长方形，基本完整。
组合关系	
画面简述	此图为浅浮雕。漫漶，上端一马（？），左向站立；下部一虎上行，张口露齿，长尾后扬。
著录与文献	苏肇平主编：《萧县汉画像石集·汉石刻艺术》，南昌：江西美术出版社，2000年，第25页，图36。
收藏单位	宿州博物馆

编号	AH-XX-094(2)
时代	东汉
出土/征集地	冯楼
出土/征集时间	
原石尺寸	34.5×108×34
质地	石灰岩
原石情况	原石呈长方形，基本完整。
组合关系	
画面简述	此图为浅浮雕。菱形穿环，四周有框，一边为双层边框，框间填刻连弧纹。
著录与文献	
收藏单位	宿州博物馆

编号	AH-XX-095
时代	东汉
出土/征集地	冯楼
出土/征集时间	
原石尺寸	107×31×24
质地	石灰岩
原石情况	原石呈长方形，基本完整。
组合关系	
画面简述	此图为剔地浅浮雕。画面一人，头戴武弁（？），身着及足长袍，正面拱手而立。
著录与文献	
收藏单位	萧县博物馆

编号	AH-XX-096
时代	东汉
出土/征集地	冯楼汉墓出土
出土/征集时间	
原石尺寸	108×27×28
质地	石灰岩
原石情况	原石呈长方形，基本完整。
组合关系	
画面简述	此图为剔地浅浮雕。画面上部一力士，着短衣，一手抬起，一手叉腰，跨步向右；下部一人，头戴进贤（？）冠，着及地长袍，右向躬身拱手而立。
著录与文献	
收藏单位	萧县博物馆

编号	AH-XX-097
时代	东汉
出土/征集地	
出土/征集时间	
原石尺寸	41×169×26
质地	石灰岩
原石情况	
组合关系	
画面简述	此图为浅浮雕。画面分上下两格，上格填刻连弧纹；下格为二龙穿五璧，二龙皆张口回首，互衔其尾，右侧填刻连弧纹。四周有框。
著录与文献	
收藏单位	宿州博物馆

编号	AH-XX-098
时代	东汉
出土/征集地	白土镇出土
出土/征集时间	
原石尺寸	118×51×32
质地	石灰岩
原石情况	原石呈长方形，右侧中间残。
组合关系	
画面简述	此图为浅浮雕。画面为菱形穿璧纹。四周有框。
著录与文献	
收藏单位	萧县博物馆

编号	AH-XX-099
时代	东汉
出土/征集地	白土镇出土
出土/征集时间	
原石尺寸	119×89×27
质地	石灰岩
原石情况	原石呈长方形，基本完整。
组合关系	
画面简述	此图为浅浮雕及透雕墓窗石。窗口上方为一虎，张口露齿，返身回首，仅见三足。墓窗为三层边框，窗口上部二道横向窗棂，中间穿插一立棂；下部为四道纵向窗棂，窗棂间保存完整处各有三个小孔，窗下为一铺首衔环，右下角浮雕一匙孔形窗孔图像。
著录与文献	
收藏单位	萧县博物馆

编号	AH-XX-100
时代	东汉
出土/征集地	白土镇出土
出土/征集时间	
原石尺寸	115×60×27
质地	石灰岩
原石情况	原石呈长方形，基本完整。
组合关系	
画面简述	此图为浅浮雕。画分上下两格，上格为一凤鸟，头生羽冠，尾分三歧，张翅双足立于地；下格上部为铺首衔环，下部为菱形穿环纹。四周有框，其中上、左、右框饰波形纹。
著录与文献	苏肇平主编：《萧县汉画像石集·汉石刻艺术》，南昌：江西美术出版社，2000年，第9页，图9。
收藏单位	萧县博物馆

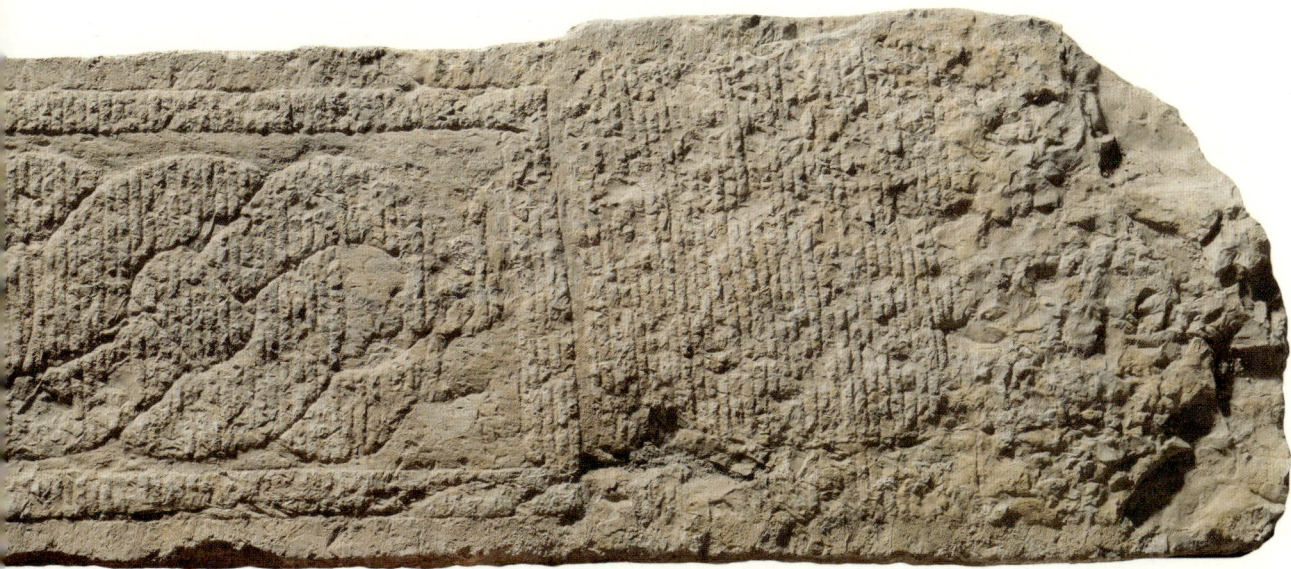

编号	AH-XX-101
时代	东汉
出土/征集地	白土镇北
出土/征集时间	
原石尺寸	43×209×21.5
质地	石灰岩
原石情况	原石呈长方形，断为左右两块。
组合关系	
画面简述	此图为浅浮雕。画面为二龙穿三璧，二龙皆张口回首，互衔其尾。四周有框。
著录与文献	
收藏单位	萧县博物馆

编号	AH-XX-102
时代	东汉
出土/征集地	白土镇北
出土/征集时间	2008 年
原石尺寸	24×83×40
质地	石灰岩
原石情况	原石呈长方形，断为两块，左右皆残。
组合关系	
画面简述	此图为浅浮雕。刻菱形穿璧纹。上、下两边有框。
著录与文献	
收藏单位	萧县博物馆

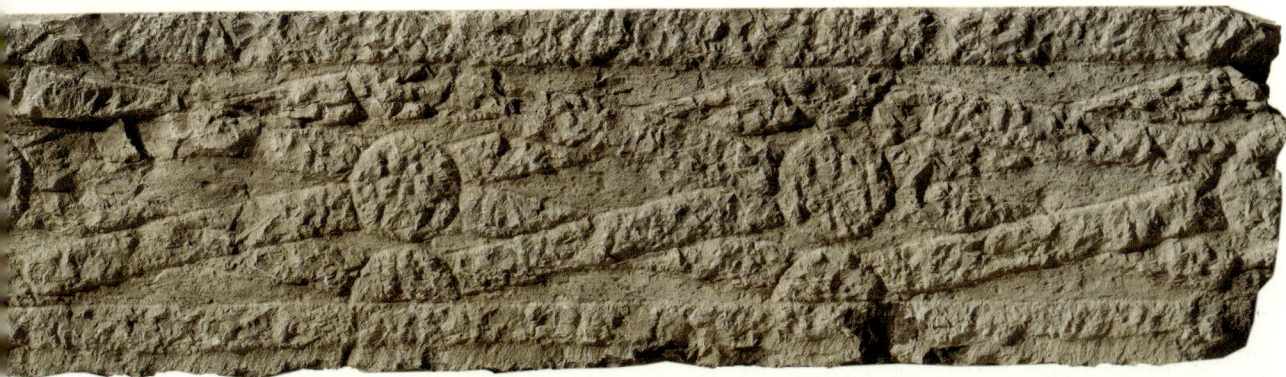

编号	AH-XX-103
时代	东汉
出土/征集地	白土镇北
出土/征集时间	
原石尺寸	24×166×42
质地	石灰岩
原石情况	原石呈长方形，右侧残。
组合关系	
画面简述	此图为浅浮雕。菱形穿璧纹。上、下两边有框。
著录与文献	
收藏单位	萧县博物馆

编号	AH-XX-104
时代	东汉
出土/征集地	白土镇北汉墓群征集
出土/征集时间	2008 年
原石尺寸	237×44×28
质地	石灰岩
原石情况	原石呈长方形，基本完整。
组合关系	
画面简述	此图为浅浮雕。画面分为上下（？）两格，上格为菱形穿璧纹，下格为连弧纹。四周有框。
著录与文献	
收藏单位	萧县博物馆

编号	AH-XX-105
时代	东汉
出土/征集地	白土镇北汉墓征集
出土/征集时间	2008 年
原石尺寸	33×187×40
质地	石灰岩
原石情况	原石呈长方形，基本完整。
组合关系	
画面简述	此图为浅浮雕。画面为菱形穿璧纹。上、左、右三边有框。
著录与文献	
收藏单位	萧县博物馆

编号	AH-XX-106
时代	东汉
出土/征集地	白土镇征集
出土/征集时间	2008 年
原石尺寸	42×70×20
质地	石灰岩
原石情况	原石呈长方形，基本完整。
组合关系	
画面简述	此图为剔地浅浮雕。画面为二圆，一侧为圆环；另一侧为圆形。四周有框。
著录与文献	
收藏单位	萧县博物馆

编号	AH-XX-107
时代	东汉
出土/征集地	白土镇北征集
出土/征集时间	2008 年
原石尺寸	27×185×42
质地	石灰岩
原石情况	原石呈长方形，基本完整。
组合关系	
画面简述	此图为浅浮雕。画面为菱形穿璧纹，上、下两边有框。
著录与文献	
收藏单位	萧县博物馆

编号	AH-XX-108
时代	东汉
出土/征集地	白土镇北
出土/征集时间	2008 年
原石尺寸	28×114×40
质地	石灰岩
原石情况	原石呈长方形，基本完整。
组合关系	
画面简述	此图为浅浮雕。画面为菱形穿璧纹，上、下、右三边有框。
著录与文献	
收藏单位	萧县博物馆

编号	AH-XX-109
时代	东汉
出土/征集地	白土镇北征集
出土/征集时间	
原石尺寸	38×109×34
质地	石灰岩
原石情况	原石呈长方形，基本完整。
组合关系	
画面简述	此图为浅浮雕。刻菱形穿环纹，四周有框。
著录与文献	
收藏单位	萧县博物馆

编号	AH-XX-110
时代	东汉
出土/征集地	白土镇采集
出土/征集时间	
原石尺寸	47×115×32
质地	石灰岩
原石情况	原石呈长方形，右端残缺。
组合关系	
画面简述	此图漫漶，且右侧残损，隐约可见一兽，长尾后扬，低首触地右行。上、下、左三边有框。
著录与文献	
收藏单位	萧县博物馆

编号	AH-XX-111
时代	东汉
出土/征集地	白土镇北采集
出土/征集时间	
原石尺寸	42×140×30
质地	石灰岩
原石情况	原石呈长方形，右端残缺。
组合关系	
画面简述	此图为浅浮雕。菱形穿璧纹。上、下、左三边有框，下边似为双层框，框间填刻双层圆点纹。
著录与文献	
收藏单位	萧县博物馆

编号	AH-XX-112
时代	东汉
出土/征集地	白土镇征集
出土/征集时间	1998 年
原石尺寸	51 × 42 × 89
质地	石灰岩
原石情况	
组合关系	
画面简述	此图为浅浮雕。画面残，漫漶不清。一边有框。
著录与文献	
收藏单位	萧县博物馆

编号	AH-XX-113(1)
时代	东汉
出土/征集地	
出土/征集时间	
原石尺寸	40×41×22
质地	石灰岩
原石情况	原石呈长方形，残缺。
组合关系	
画面简述	此图为阴线刻。可见左右各一鹳（鹤），相对立于羽冠（？）上，共衔一鱼。
著录与文献	
收藏单位	萧县博物馆

编号	AH-XX-113(2)
时代	东汉
出土/征集地	
出土/征集时间	
原石尺寸	22×40×41
质地	石灰岩
原石情况	原石呈长方形，残缺。
组合关系	
画面简述	此图为阴线刻。刻一鱼，身有鳞片。
著录与文献	
收藏单位	萧县博物馆

编号	AH-XX-114-01
时代	东汉
出土/征集地	永堌水库汉墓出土
出土/征集时间	2017 年
原石尺寸	35×186×19
质地	石灰岩
原石情况	原石呈长方形，基本完整。
组合关系	墓室门楣
画面简述	此图为浅浮雕。画面刻二龙穿三环，二龙皆张口回首，互衔其尾。四周有框。
著录与文献	
收藏单位	萧县博物馆

编号	AH-XX-114-02
时代	东汉
出土/征集地	永堌水库汉墓出土
出土/征集时间	2017 年
原石尺寸	116×50×11
质地	石灰岩
原石情况	原石呈长方形，基本完整，可见左侧有门枢。
组合关系	墓门左门扉
画面简述	此图为浅浮雕。画面分上下两格，上格为菱形穿环纹，下格为铺首穿环，环两侧可以见两足（须？），环下有梯形物，一说为帛。四周有框。
著录与文献	
收藏单位	萧县博物馆

编号	AH-XX-114-03
时代	东汉
出土/征集地	永堌水库汉墓出土
出土/征集时间	2017 年
原石尺寸	112×52×10
质地	石灰岩
原石情况	原石呈长方形，左下角断裂，可见右侧有门枢。
组合关系	墓门右门扉
画面简述	此图为浅浮雕。画面分上下两格，上格为菱形穿环纹；下格为铺首衔环，环两侧可以见两足（须？），环下有梯形物（一说为帛）。四周有框。
著录与文献	
收藏单位	萧县博物馆

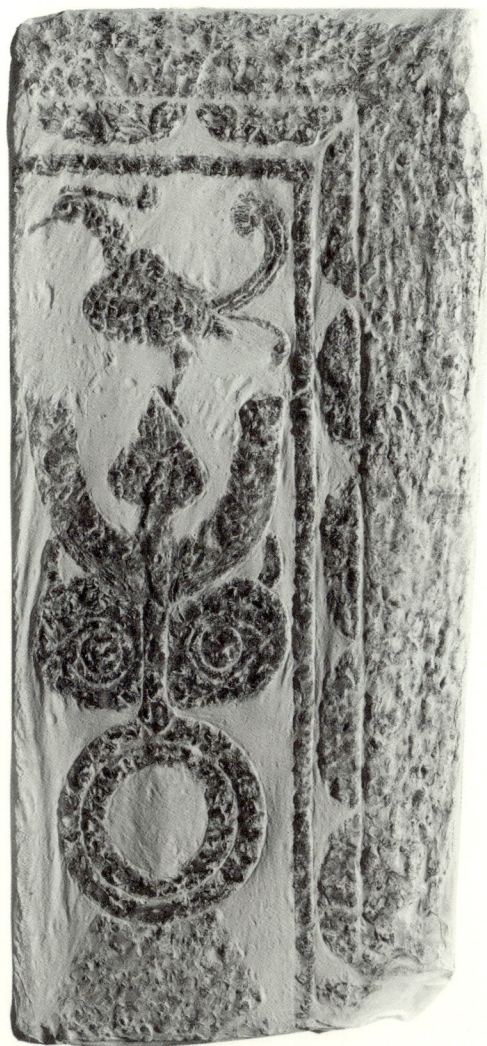

编号	AH-XX-115
时代	东汉
出土/征集地	张村征集
出土/征集时间	1999 年
原石尺寸	105×49×9.5
质地	石灰岩
原石情况	原石呈长方形，基本完整，右侧可见门枢。
组合关系	
画面简述	此图为浅浮雕。上刻一朱雀（凤鸟），头生羽冠，长尾上扬，左向立于铺首顶部；下方为铺首衔环，环肉有双层，环下一梯形物（一说为帛）。上、右两边有双层边框，内填刻连弧纹。
著录与文献	
收藏单位	萧县博物馆